Impressum
Verlag: BABADADA GmbH, Nedderfeld 112 , 22529 Hamburg
Geschäftsführer / Verlagsleitung: Harald Hof
Druck: Books on Demand GmbH, In de Tarpen 42, 22848 Norderstedt

Imprint
Publisher: BABADADA GmbH, Nedderfeld 112 , 22529 Hamburg, Germany
Managing Director / Publishing direction: Harald Hof
Print: Books on Demand GmbH, In de Tarpen 42, 22848 Norderstedt, Germany

делить
dijeliti

186/2

доска
ploča

классная комната
učionica

школьный двор
školsko dvorište

учитель
učitelj

бумага
papir

писать
pisati

ручка
kemijska olovka

письменный стол
pisaći stol

линейка
ravnalo

книга
knjiga

ученик
učenik

ранец

torba

пенал

pernica

карандаш

grafitna olovka

точилка

šiljilo za olovke

ластик

gumica za brisanje

альбом для рисования

blok za crtanje

рисунок

crtež

кисточка

kist

коробка красок

kutija s bojama

ножницы

makaze

клей

ljepilo

тетрадь

bilježnica

домашняя работа

domaći zadatak

цифра

broj

прибавлять

sabirati

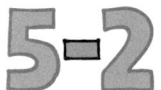

вычитать

oduzimati

умножать

množiti

считать

računati

буква

slovo

алфавит

abeceda

hello

слово

riječ

текст

tekst

читать

čitati

мел

kreda

урок

sat

классный журнал

dnevnik

экзамен

ispit

диплом

svjedodžba

школьная форма

školska uniforma

образование

obrazovanje

энциклопедия

leksikon

университет

sveučilište

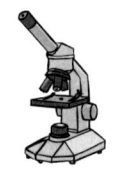

микроскоп

mikroskop

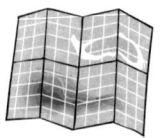

карта

karta

корзина для бумаг

košara za papir

путешествие
putovanje

гостиница
hotel
Grand
турбаза
prenoćište
ROOMS
пункт обмена валюты
mjenjačnica
чемодан
kofer
автомобиль
auto

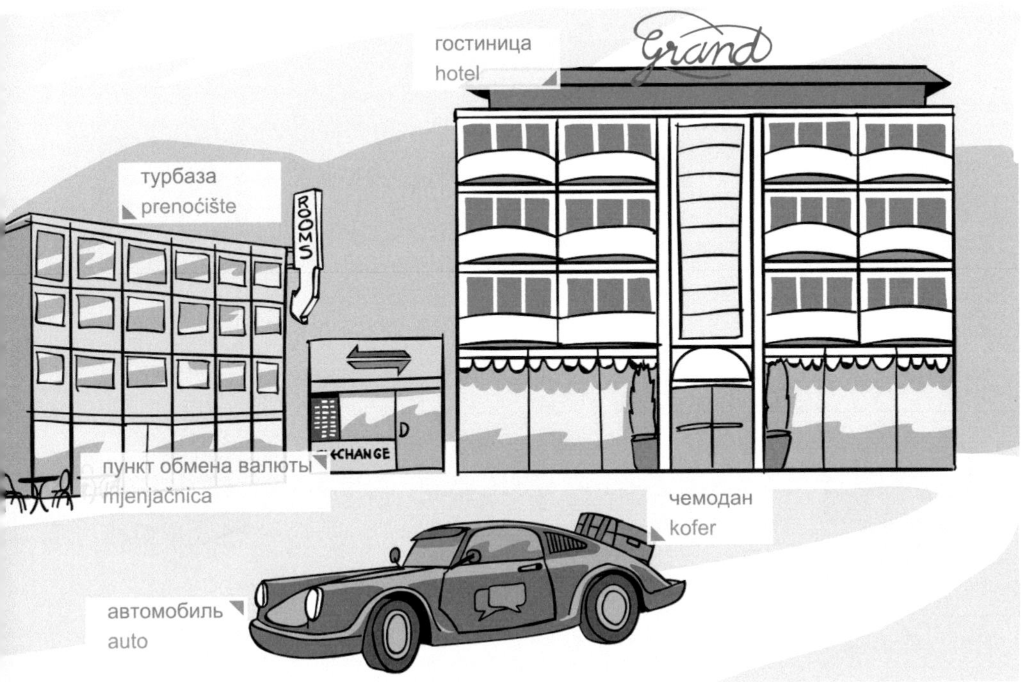

язык
....
jezik

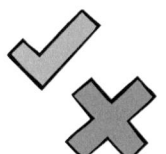

да / нет
....
da / ne

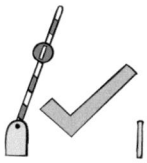

хорошо
....
okay

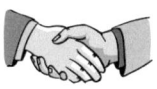

Привет
....
zdravo

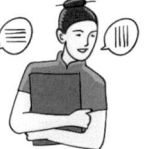

переводчик
....
prevoditelj

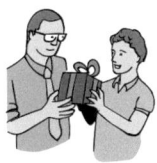

Спасибо
....
hvala

Сколько стоит…?

Koliko košta...?

Я не понимаю

ne razumijem

проблема

problem

Добрый вечер!

dobro veče!

Доброе утро!

Dobro jutro!

Доброй ночи!

Laku noć!

До свидания

doviđenja

направление

smjer

багаж

prtljaga

сумка

torba

рюкзак

ruksak

гость

gost

комната

soba

спальный мешок

vreća za spavanje

палатка

šator

туристическая
информация
turističke informacije

пляж

plaža

кредитная карточка

kreditna kartica

завтрак

doručak

обед

ručak

ужин

večera

билет

karta za vožnju

лифт

dizalo

почтовая марка

poštanska markica

граница

granica

таможня

carina

посольство

ambasada

виза

viza

паспорт

putovnica

транспорт
transport

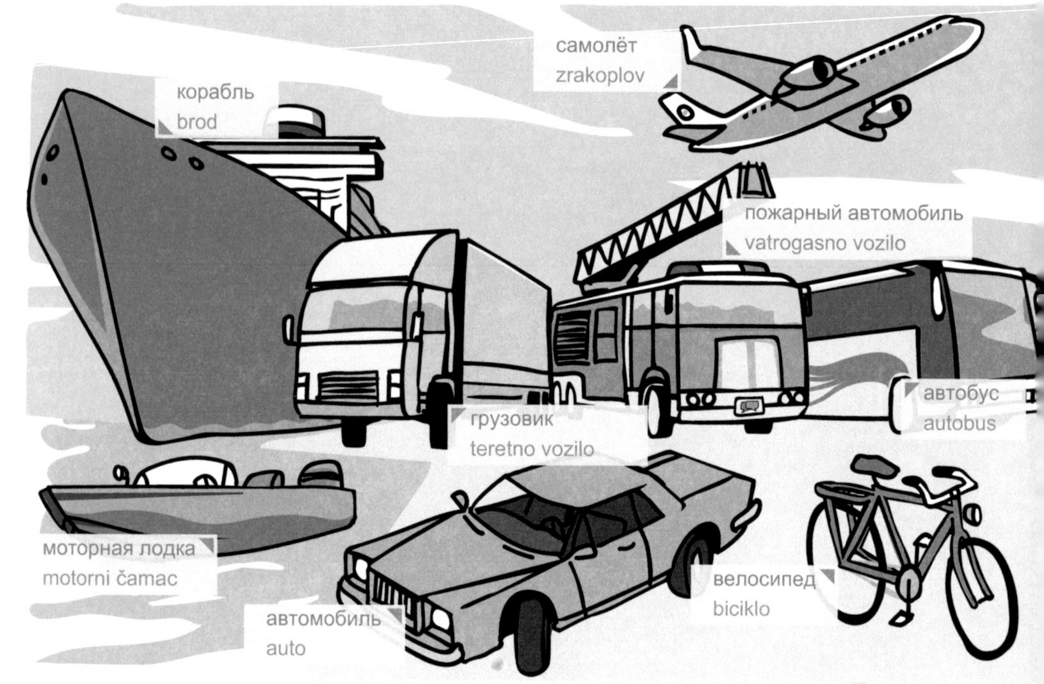
самолёт
zrakoplov
корабль
brod
пожарный автомобиль
vatrogasno vozilo
автобус
autobus
грузовик
teretno vozilo
моторная лодка
motorni čamac
велосипед
biciklo
автомобиль
auto

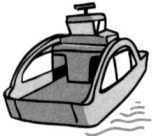

паром

trajekt

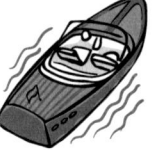

лодка

čamac

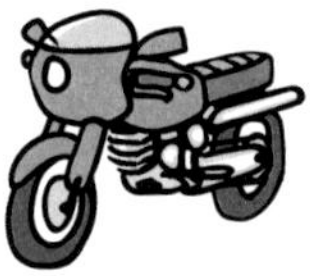

мотоцикл

motocikl

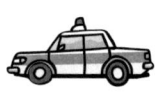

полицейский автомобиль

policijski auto

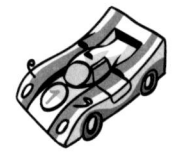

гоночный автомобиль

trkaći auto

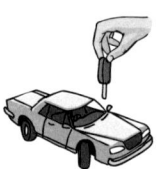

арендованный автомобиль

iznajmljeno auto

совместное пользование
автомобилями

dijeljenje automobila

буксировочный
автомобиль
vučno vozilo

мусоровоз

vozilo za odvoz smeća

двигатель

motor

топливо

benzin

заправка

benzinska postaja

дорожный знак

prometni znak

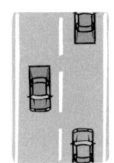

движение

promet

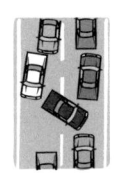

пробка

zastoj

автостоянка

parkiralište

вокзал

kolodvor

рельсы

šine

поезд

vlak

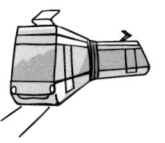

трамвай

tramvaj

вагон

vagon

вертолёт

helikopter

аэропорт

zrakoplovna luka

вышка

toranj

пассажир

putnik

контейнер

kontejner

коробка

karton

тележка

kolica

корзина

košara

взлетать / приземляться

uzletjeti / sletjeti

город

grad

деревня

selo

центр города

centar grada

дом

kuća

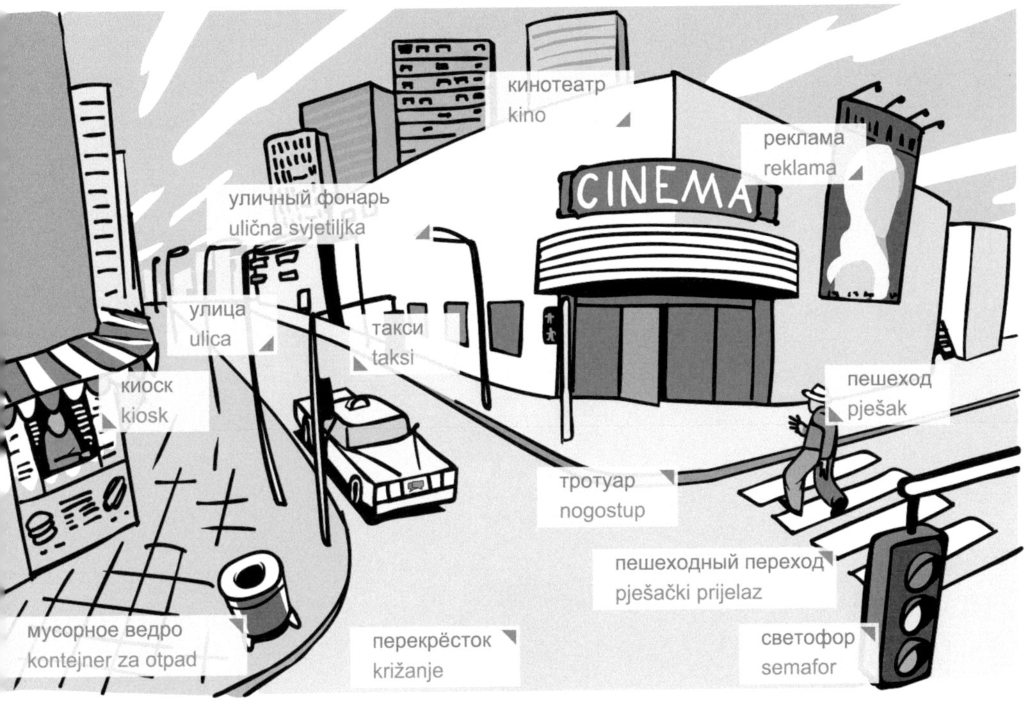

кинотеатр
kino
реклама
reklama
CINEMA
уличный фонарь
ulična svjetiljka
улица
ulica
такси
taksi
киоск
kiosk
пешеход
pješak
тротуар
nogostup
пешеходный переход
pješački prijelaz
мусорное ведро
kontejner za otpad
перекрёсток
križanje
светофор
semafor

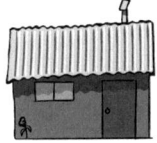

хижина

koliba

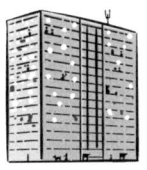

квартира

stan

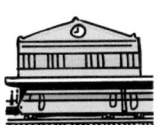

вокзал

kolodvor

ратуша

vijećnica

MUSEUM

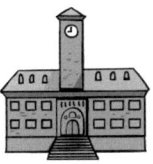

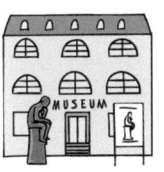

музей

muzej

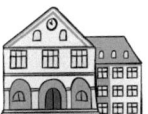

школа

škola

университет

sveučilište

банк

banka

больница

bolnica

гостиница

hotel

аптека

ljekarna

офис

ured

книжный магазин

knjižara

магазин

prodavaonica

цветочный магазин

cvjećara

супермаркет

supermarket

рынок

trg

универмаг

robna kuća

торговец рыбой

ribarnica

торговый центр

trgovački centar

порт

luka

парк

park

скамейка

klupa

мост

most

лестница

stepenice

метро

podzemna željeznica

тоннель

tunel

автобусная остановка

autobusna stanica

бар

bar

ресторан

restoran

почтовый ящик

poštansko sanduče

табличка с названием улицы

ulični znak

паркометр

parkirni sat

зоопарк

zoološki vrt

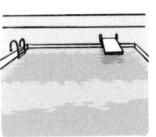

бассейн

bazen

мечеть

džamija

ферма

seosko gazdinstvo

загрязнение окружающей среды

zagađenje okoliša

кладбище

groblje

церковь

crkva

детская площадка

igralište

храм

hram

ландшафт
krajolik

лист
list

дорожный указатель
putokaz

дорога
put

луг
livada

камень
kamen

путешественник
šetač

дерево
drvo

река
rijeka

трава
trava

цветок
cvijet

долина

dolina

гора

planina

озеро

jezero

лес

šuma

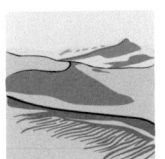

пустыня

pustinja

вулкан

vulkan

замок

dvorac

радуга

duga

гриб

gljiva

пальма

palma

комар

moskito

муха

muha

муравей

mrav

пчела

pčela

паук

pauk

ландшафт - krajolik

15

жук

buba

лягушка

žaba

белка

vjeverica

еж

jež

заяц

zec

сова

sova

птица

ptica

лебедь

labud

кабан

divlja svinja

олень

jelen

лось

los

плотина

nasip

ветряной генератор

vjetrenjača

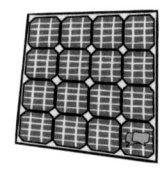

солнечная батарея

solarna ploča

климат

klima

ресторан

restoran

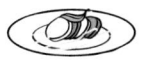

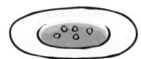

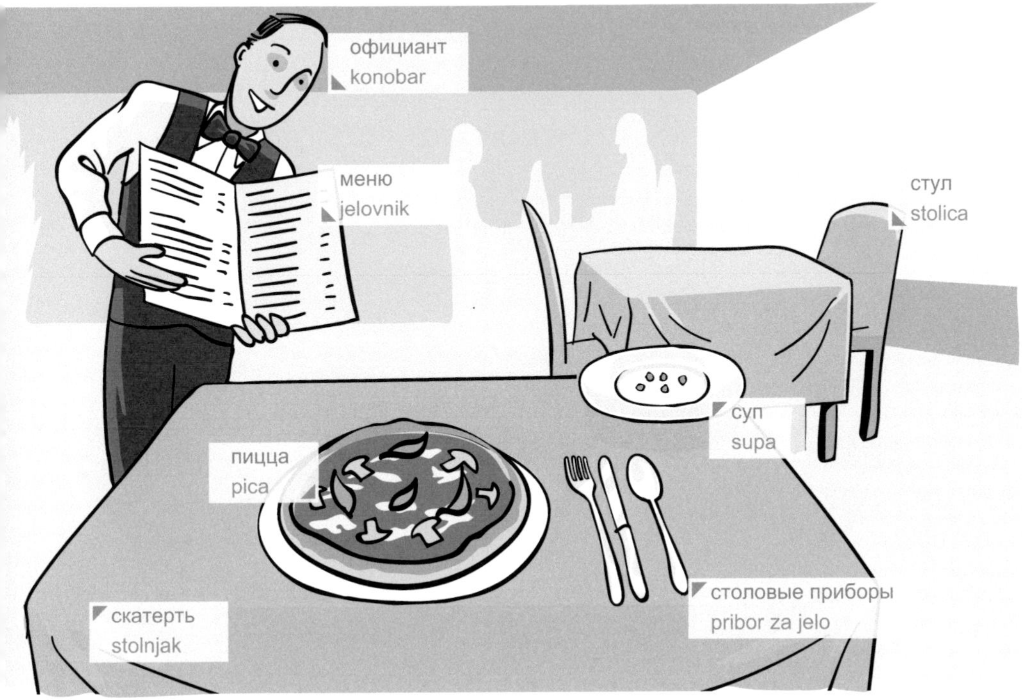
официант
konobar
меню
jelovnik
стул
stolica
суп
supa
пицца
pica
столовые приборы
pribor za jelo
скатерть
stolnjak

закуска

predjelo

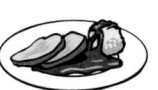

главное блюдо

glavno jelo

десерт

desert

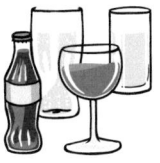

напитки

napitci

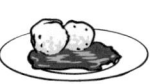

еда

jelo

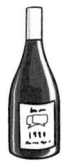

бутылка

boca

фастфуд

fastfood

уличная еда

imbis hrana

чайник

čajnik

сахарница

doza za šećer

порция

porcija

кофеварка

aparat za espresso

детский стульчик

visoka stolica

счет

račun

поднос

pladanj

нож

nož

вилка

vilica

ложка

žlica

чайная ложка

čajna žlica

салфетка

ubrus

стакан

čaša

18   ресторан - restoran

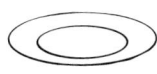

тарелка

tanjur

суповая тарелка

tanjur za supu

блюдце

tanjurić

соус

sos

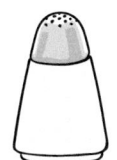

солонка

soljenka

мельница для перца

mlin za biber

уксус

ocat

масло

ulje

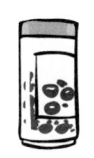

специи

začini

кетчуп

kečap

горчица

senf

майонез

majoneza

ресторан - restoran

супермаркет

supermarket

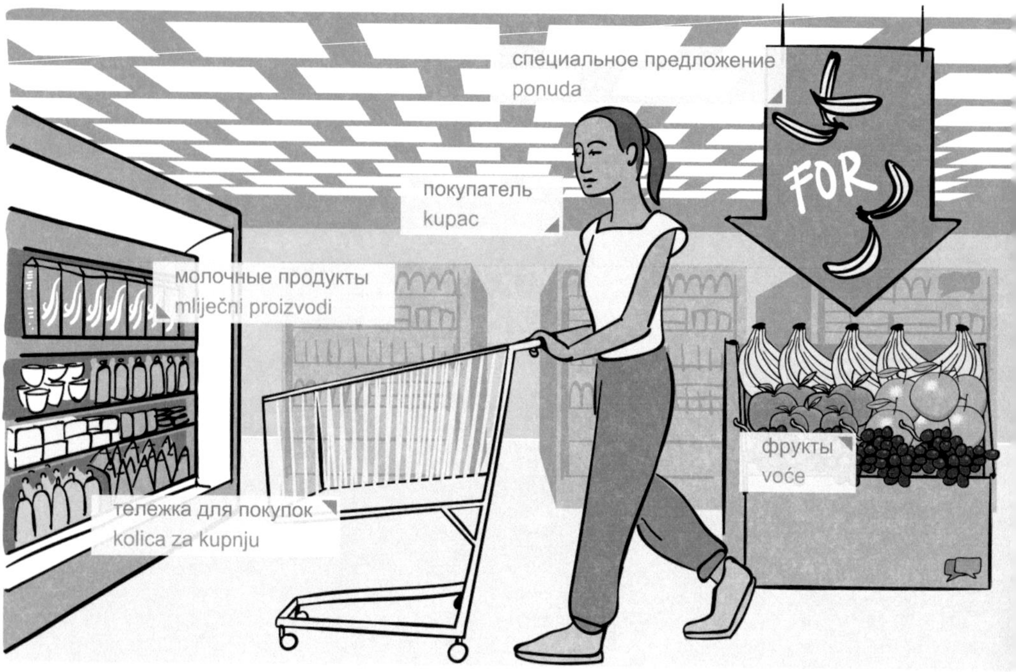

специальное предложение
ponuda
FOR
покупатель
kupac
молочные продукты
mliječni proizvodi
фрукты
voće
тележка для покупок
kolica za kupnju

BUTCHERS

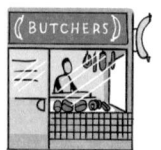

мясной магазин

mesnica

BAKERY

пекарня

pekarnica

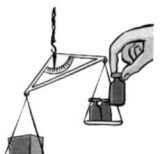

взвешивать

vagati

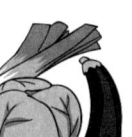

овощи

povrće

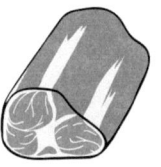

мясо

meso

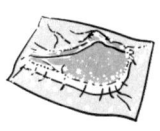

быстрозамороженные продукты

duboko smrznuta hrana

нарезка

narezak

консервы

konzerve

стиральный порошок

sredstvo za pranje

сладости

slatkiši

предмет домашнего обихода

artikli za domaćinstvo

моющее средство

sredstva za čišćenje

продавщица

prodavačica

касса

blagajna

кассир

blagajnik

список покупок

lista za kupnju

время работы

vrijeme rada

бумажник

novčanik

кредитная карточка

kreditna kartica

сумка

torba

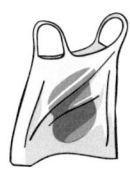

полиэтиленовый пакет

plastična vrećica

вода

voda

сок

sok

молоко

mlijeko

кока-кола

cola

вино

vino

пиво

pivo

алкоголь

alkohol

какао

kakao

чай

čaj

кофе

kava

эспрессо

espresso

капучино

cappuccino

банан

banana

яблоко

jabuka

апельсин

naranča

арбуз

lubenica

лимон

limun

морковь

mrkva

чеснок

češnjak

бамбук

bambus

лук

luk

гриб

gljiva

орехи

orašasti plodovi

лапша

rezanci

спагетти

špagete

рис

riža

салат

salata

картофель фри

pomfrit

жареный картофель

pečeni krumpir

пицца

pica

гамбургер

hamburger

сэндвич

sendvič

шницель

šnicla

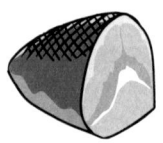

ветчина

pršut

салями

salama

колбаса

kobasica

курица

kokoš

жаркое

pečenje

рыба

riba

овсяные хлопья

zobene pahuljice

мюсли

musli

кукурузные хлопья

kukuruzne pahuljice

мука

brašno

круассан

roščić

булочка

pecivo

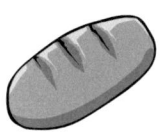

хлеб

kruh

тост

toast

печенье

keksi

масло

maslac

творог

svježi sir

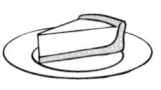

пирог

kolač

яйцо

jaje

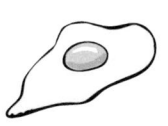

яичница

jaje na oko

сыр

sir

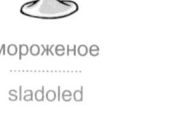

мороженое

sladoled

сахар

šećer

мёд

med

мармелад

marmelada

крем с нугой

nugat krema

карри

curry

ферма
seosko gazdinstvo

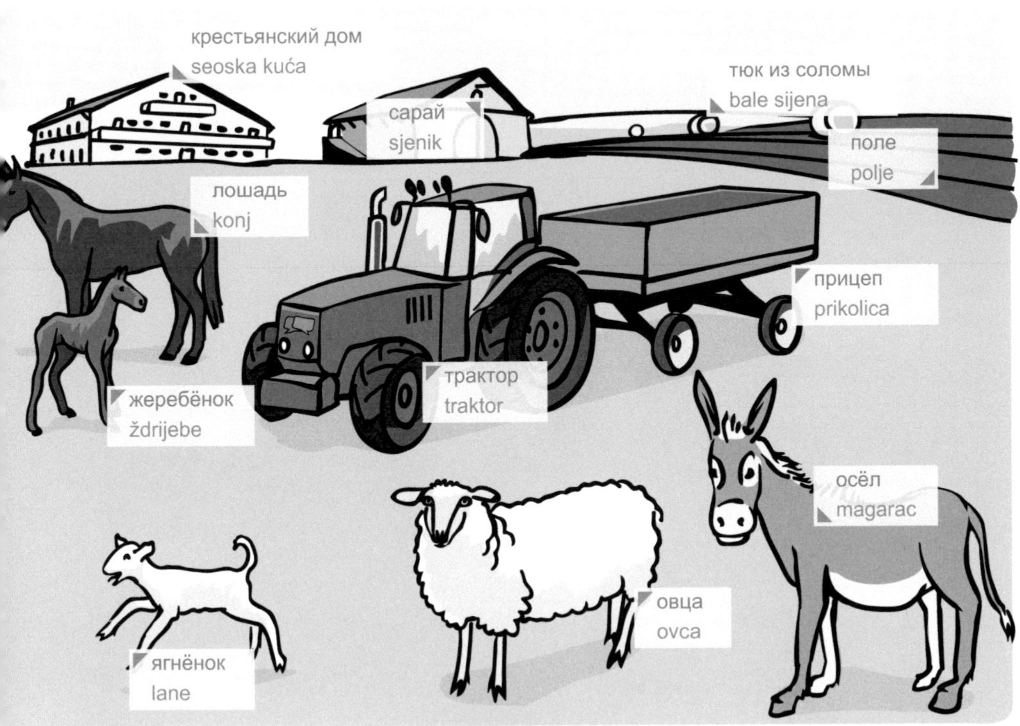
крестьянский дом
seoska kuća
сарай
sjenik
тюк из соломы
bale sijena
поле
polje
лошадь
konj
прицеп
prikolica
трактор
traktor
жеребёнок
ždrijebe
осёл
magarac
овца
ovca
ягнёнок
lane

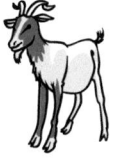

коза

koza

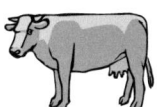

корова

krava

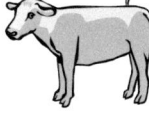

телёнок

tele

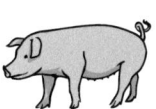

свинья

svinja

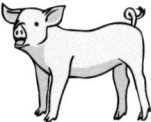

поросёнок

prase

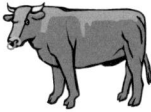

бык

bik

гусь

guska

утка

patka

цыплёнок

pilići

курица

kokoš

петух

pijetao

крыса

pacov

кошка

mačka

мышь

miš

вол

vol

собака

pas

конура

kućica za psa

садовый шланг

vrtno crijevo

лейка

kanta za polijevanje

коса

kosa

плуг

plug

ферма - seosko gazdinstvo

серп

srp

мотыга

motika

навозные вилы

vilica za gnojivo

топор

sjekira

тачка

tačke

корыто

korito

бидон для молока

posuda za mlijeko

мешок

vreća

забор

ograda

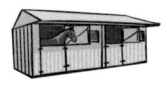

хлев

štala

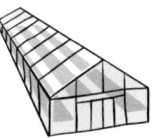

теплица

staklenik

почва

zemlja

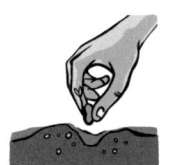

посев

sjeme

удобрение

gnojivo

комбайн

kombajn

собирать урожай

žanjati

урожай

žetva

ямс

yams začin

пшеница

pšenica

соя

soja

картофель

krumpir

кукуруза

kukuruz

рапс

uljana repica

фруктовое дерево

voćka

маниок

gomolj manioke

злаки

žitarice

дом
kuća

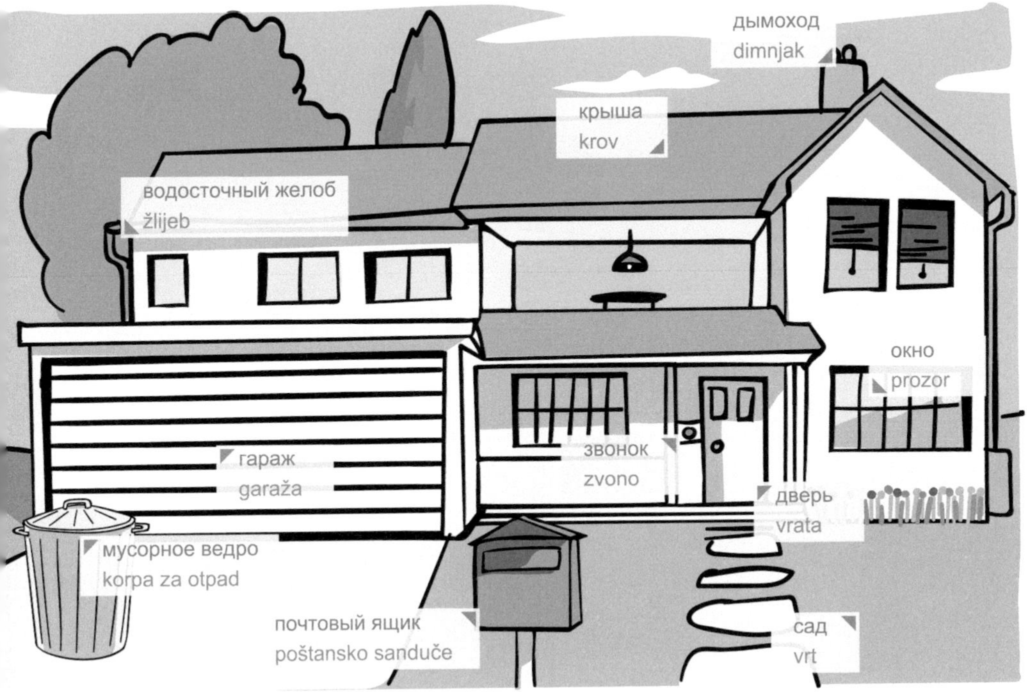

дымоход
dimnjak
крыша
krov
водосточный желоб
žlijeb
окно
prozor
гараж
garaža
звонок
zvono
дверь
vrata
мусорное ведро
korpa za otpad
почтовый ящик
poštansko sanduče
сад
vrt

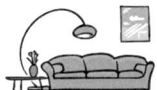

гостиная

dnevna soba

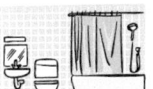

ванная комната

kupaonica

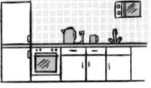

кухня

kuhinja

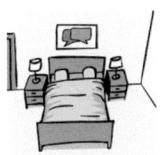

спальня

spavaća soba

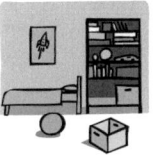

детская комната

dječija soba

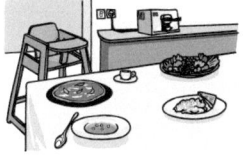

столовая

trpezarija

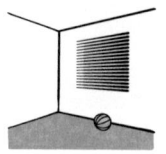

пол

pod

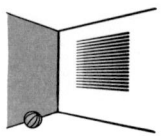

стена

zid

потолок

strop

подвал

podrum

сауна

sauna

балкон

balkon

терраса

terasa

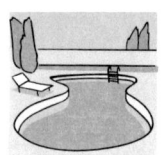

бассейн

bazen

газонокосилка

kosilica za travu

пододеяльник

posteljina za krevet

покрывало

deka za krevet

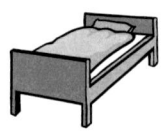

кровать

krevet

метла

metla

ведро

kanta

выключатель

sklopka

гостиная
dnevna soba

обои
tapeta
рисунок
slika
лампа
svjetiljka
полка
regal
шкаф
ormar
телевизор
televizija
камин
kamin
цветок
cvijet
подушка
jastuk
диван
kauč
ваза
vaza
пульт дистанционного управления
daljinski upravljač

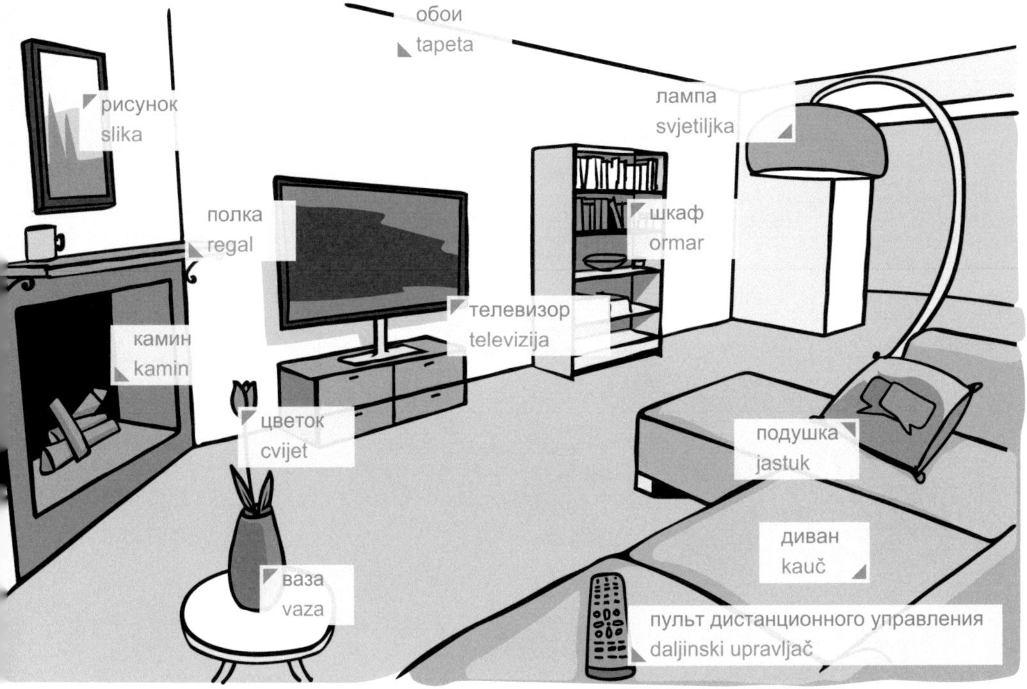

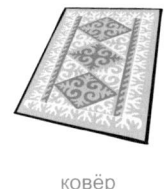

ковёр

tepih

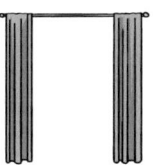

штора

zavjesa

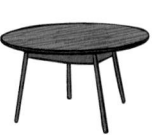

стол

stol

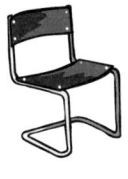

стул

stolica

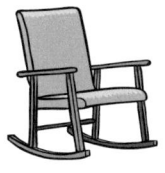

кресло-качалка

stolica za njihanje

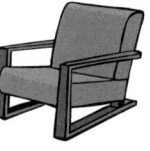

кресло

fotelja

книга

knjiga

покрывало

deka

украшение

dekoracija

дрова

drvo za ogrjev

фильм

film

стереосистема

stereo uređaj

ключ

ključ

газета

novine

картина

slika na platnu

плакат

poster

радио

radio

блокнот

blok za pisanje

пылесос

usisavač

кактус

kaktus

свеча

svijeća

кухня
kuhinja

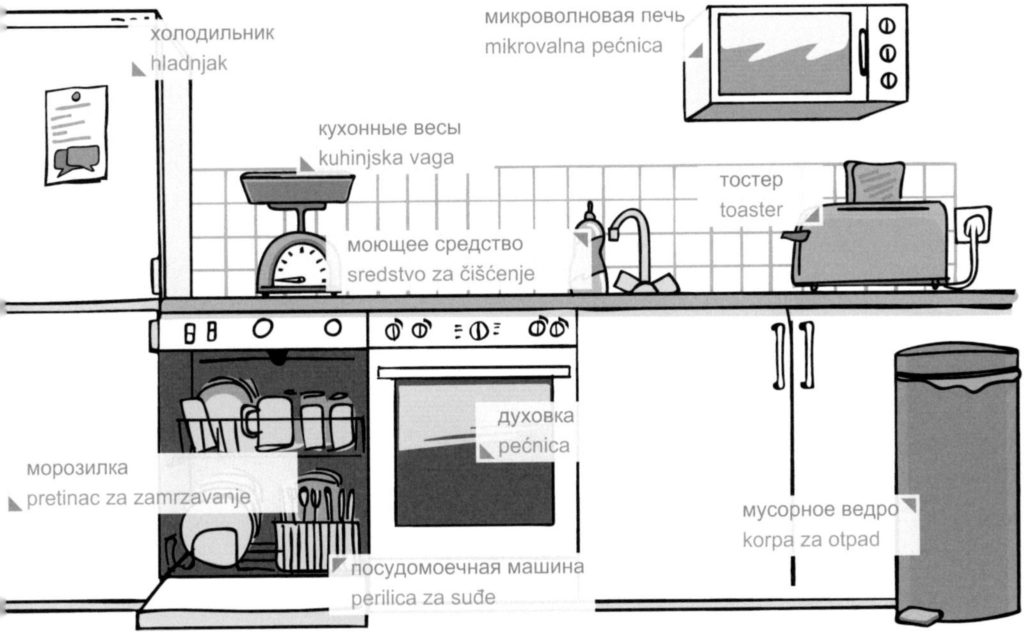
холодильник
hladnjak
микроволновая печь
mikrovalna pećnica
кухонные весы
kuhinjska vaga
тостер
toaster
моющее средство
sredstvo za čišćenje
духовка
pećnica
морозилка
pretinac za zamrzavanje
мусорное ведро
korpa za otpad
посудомоечная машина
perilica za suđe

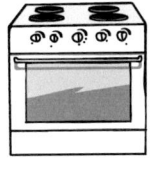

плита

štednjak

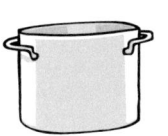

кастрюля

lonac

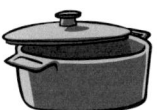

чугунный котелок

željezni lonac

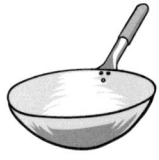

вок / кадай

wok / kadai

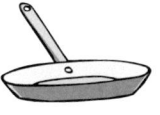

сковорода

tava

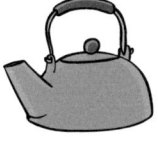

чайник

kuhalo za vodu

пароварка

kuhalo na paru

противень

lim za pečenje

посуда

posuđe

кружка

čaša

миска

zdjela

палочки для еды

štapići za jelo

половник

kutljača

лопатка

lopatica

сбивалка

pjenjača

сито

sito za kuhanje

сито

sito

тёрка

ribež

ступка

mužar

гриль

roštilj

костёр

ognjište

доска

daska

скалка

oklagija

штопор

vadičep

жестяная банка

konzerva

консервный нож

otvarač konzervi

прихватка

krpa za lonac

раковина

sudoper

щетка

četka

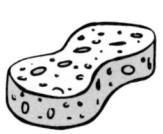

губка

spužva

миксер

mikser

морозильная камера

zamrzivač

бутылочка для кормления

bočica za bebe

кран

slavina za vodu

ванная комната
kupaonica

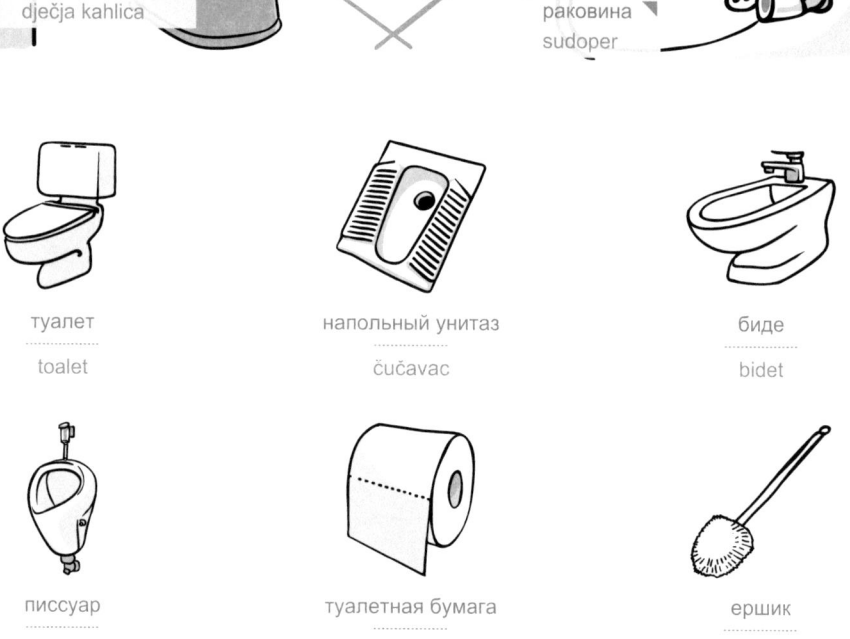

отопление
grijanje
душ
tuš
полотенце
ručnik
душевая занавеска
zavjesa za tuš
пенистая ванна
pjenušava kupka
ванна
kada
стакан
čaša
стиральная машина
perilica za rublje
кран
slavina za vodu
плитка
pločice
горшок
dječja kahlica
раковина
sudoper

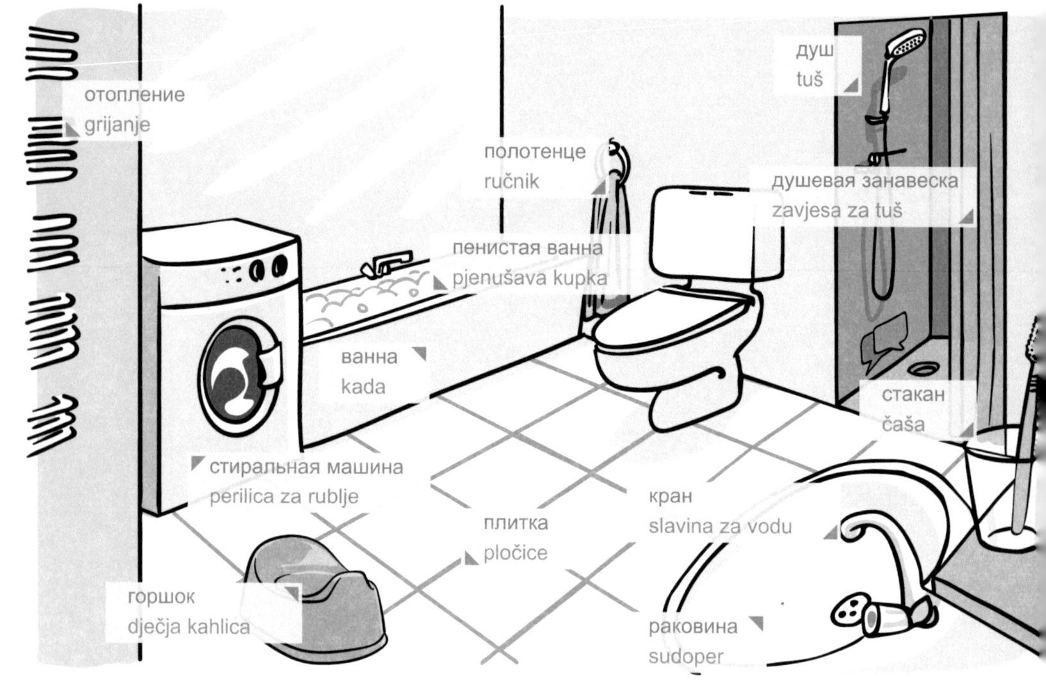

туалет

toalet

напольный унитаз

čučavac

биде

bidet

писсуар

pisoar

туалетная бумага

papir za toalet

ершик

četka za toalet

зубная щетка

četkica za zube

зубная паста

pasta za zube

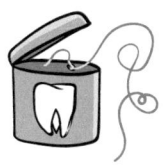

зубная нить

konac za zube

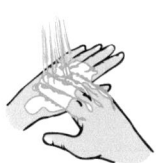

мыть

prati

ручной душ

tuš ručica

интимный душ

tuš za pranje intimnih dijelova

таз

lavor

щетка для спины

četka za pranje leđa

мыло

sapun

гель для душа

gel za tuširanje

шампунь

šampon

мочалка

krpa za pranje

сток

odvod

крем

krema

дезодорант

dezodorans

зеркало

ogledalo

ручное зеркало

kozmetičko ogledalo

бритва

brijač

пена для бритья

pjena za brijanje

лосьон после бритья

losion za poslije brijanja

расческа

češalj

щетка

četka

фен

sušilo za kosu

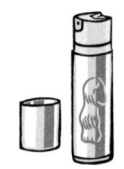

лак для волос

sprej za kosu

косметика

makeup

губная помада

ruž za usne

лак для ногтей

lak za nokte

вата

vata

маникюрные ножницы

škare za nokte

духи

parfem

косметичка

neseser

табуретка

stolica

весы

vaga

халат

ogrtač

резиновые перчатки

rukavice za čišćenje

тампон

tampon

гигиеническая прокладка

uložak

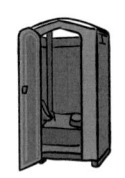

биотуалет

kemijski toalet

детская комната
dječija soba

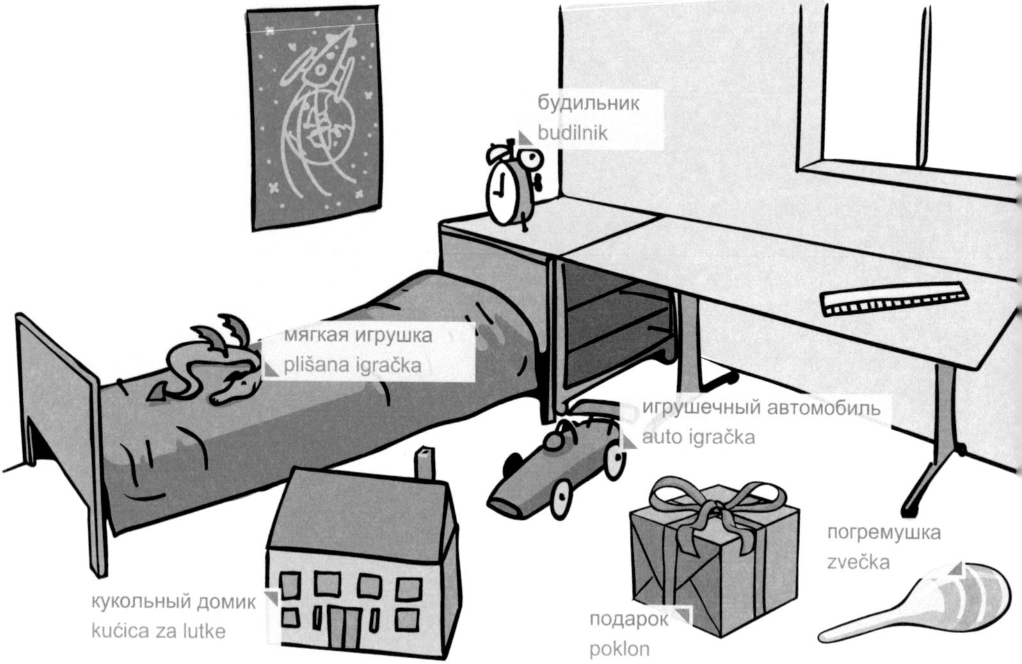
будильник
budilnik
мягкая игрушка
plišana igračka
игрушечный автомобиль
auto igračka
погремушка
zvečka
кукольный домик
kućica za lutke
подарок
poklon

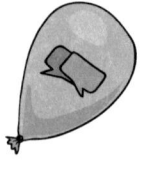

воздушный шар

balon

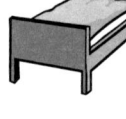

кровать

krevet

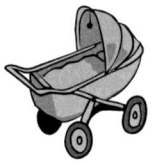

детская коляска

dječija kolica

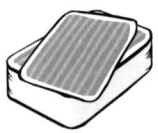

карточная игра

igra s kartama

пазл

slagalica

SUPER
MEGA

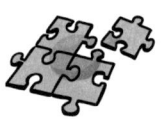

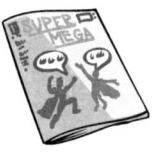

комикс

strip

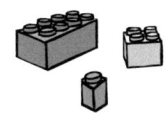

кирпичики Лего

lego kockice

кубики

kockice za slaganje

игрушечная фигурка

akcioni junak

ползунки

kombinezon za bebe

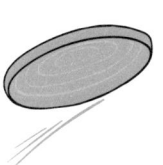

фрисби

frizbi

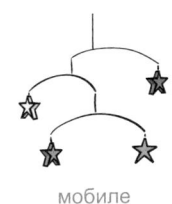

мобиле

viseće igračke

настольная игра

društvene igre

кубик

kocka

модель железной дороги

minijaturna željeznica

соска

duda

вечеринка

tulum

книга с картинками

slikovnica

мяч

lopta

кукла

lutka

играть

igrati

песочница

pješčanik

качели

ljuljačka

игрушка

igračka

игровая приставка

konzola za igre

трёхколесный велосипед

tricikl

плюшевый медвежонок

plišani medo

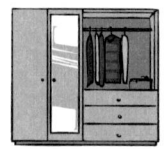

шкаф для одежды

ormar

одежда

odjeća

носки

kratke čarape

чулки

čarape

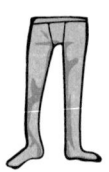

колготки

hulahopke

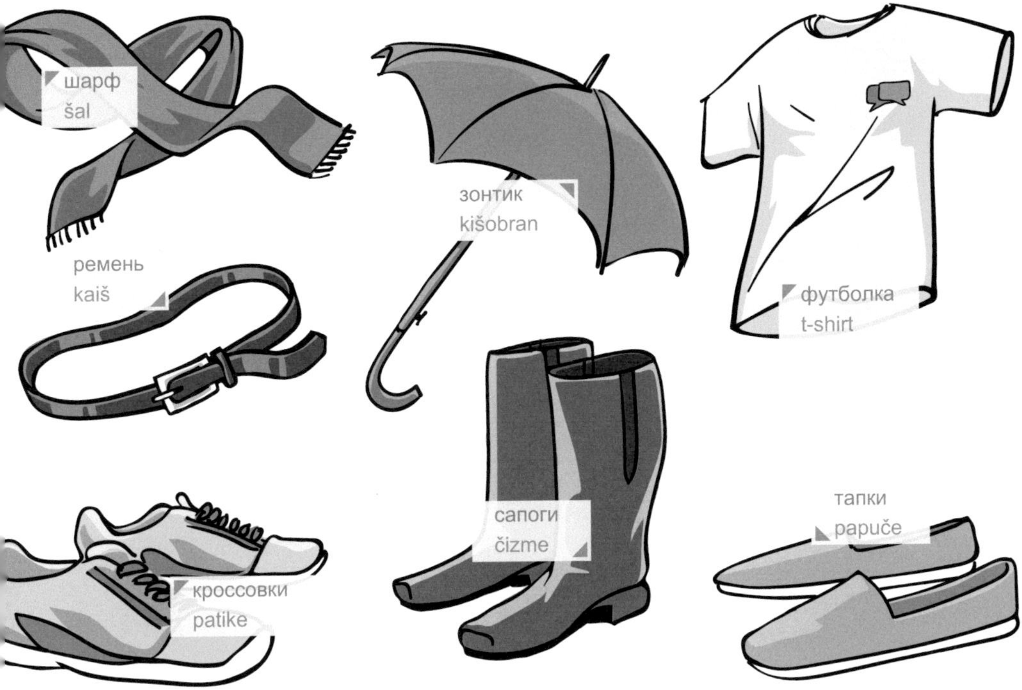

шарф
šal

зонтик
kišobran

футболка
t-shirt

ремень
kaiš

сапоги
čizme

тапки
papuče

кроссовки
patike

сандалии

sandale

ботинки

cipele

резиновые сапоги

gumene čizme

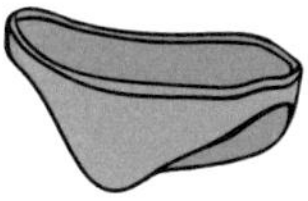

трусы

gaćice

бюстгальтер

grudnjak

майка

potkošulja

боди

bodi

брюки

hlače

джинсы

džins

юбка

haljina

блузка

bluza

рубашка

košulja

свитер

džemper

свитер

pulover s kapuljačom

спортивная куртка

blejzer

жакет

jakna

пальто

kaput

плащ

kabanica

костюм

kostim

платье

haljina

свадебное платье

vjenčanica

мужской костюм

odijelo

ночная сорочка

spavaćica

пижама

pidžama

сари

sari

платок

rubac

тюрбан

turban

паранджа

burka

кафтан

kaftan

абайя

abaja

купальник

kupaći kostim

плавки

kupaće gaćice

шорты

kratke hlače

спортивный костюм

odjeća za trening

фартук

pregača

перчатки

rukavice

пуговица

gumb

очки

naočale

браслет

narukvica

цепочка

ogrlica

кольцо

prsten

серьга

naušnica

шапка

kapa

вешалка

vješalica

шляпа

šešir

галстук

kravata

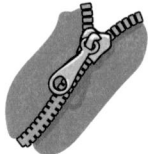

застежка молния

patent zatvarač

шлем

kaciga

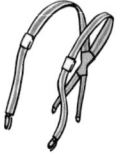

подтяжки

naramenice

школьная форма

školska uniforma

форма

uniforma

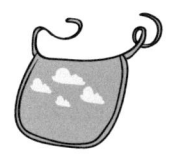

детский нагрудник

podbradak

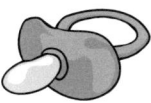

соска

duda

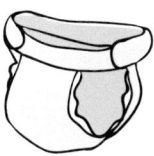

подгузник

pelena

офис

ured

сервер
server
канцелярский шкаф
ormar za spise
принтер
pisač
бумага
papir
монитор
monitor
мышь
miš
письменный стол
pisaći stol
папка
mapa
клавиатура
tipkovnica
стул
stolica
корзина для бумаг
košara za papir
компьютер
računar

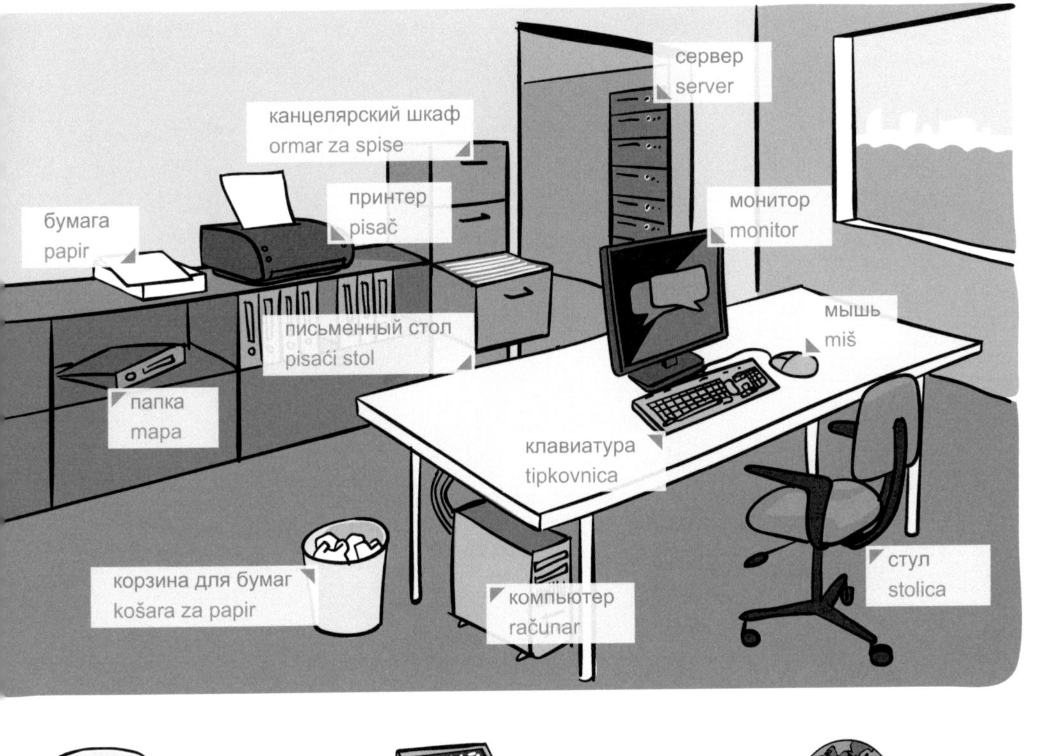

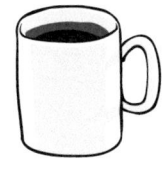

кофейная кружка

šalica za kavu

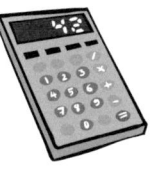

калькулятор

kalkulator

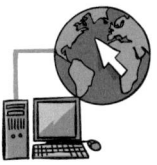

интернет

internet

ноутбук

laptop

письмо

pismo

сообщение

poruka

мобильный телефон

mobilni telefon

сеть

mreža

ксерокс

uređaj za kopiranje

программа

softver

телефон

telefon

розетка

utičnica

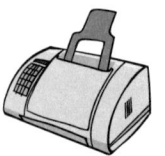

факс

faks

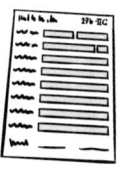

формуляр

obrazac

документ

dokument

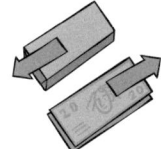

покупать

kupovati

платить

platiti

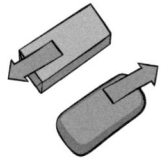

торговать

trgovati

деньги

novac

 USD

доллар

dolar

 EUR

евро

euro

 JPY

иена

jen

 RUB

рубль

rubalj

 CHF

франк

švicarski franak

 CNY

жэньминьби юань

renmindbi yuan

 INR

рупия

rupija

банкомат

automat za novac

пункт обмена валюты

mjenjačnica

золото

zlato

серебро

srebro

нефть

nafta

энергия

energija

цена

cijena

договор

ugovor

налог

porez

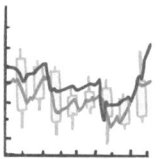

акция

dionica

работать

raditi

служащий

službenik

работодатель

poslodavac

фабрика

tvornica

магазин

prodavaonica

профессии
zanimanja

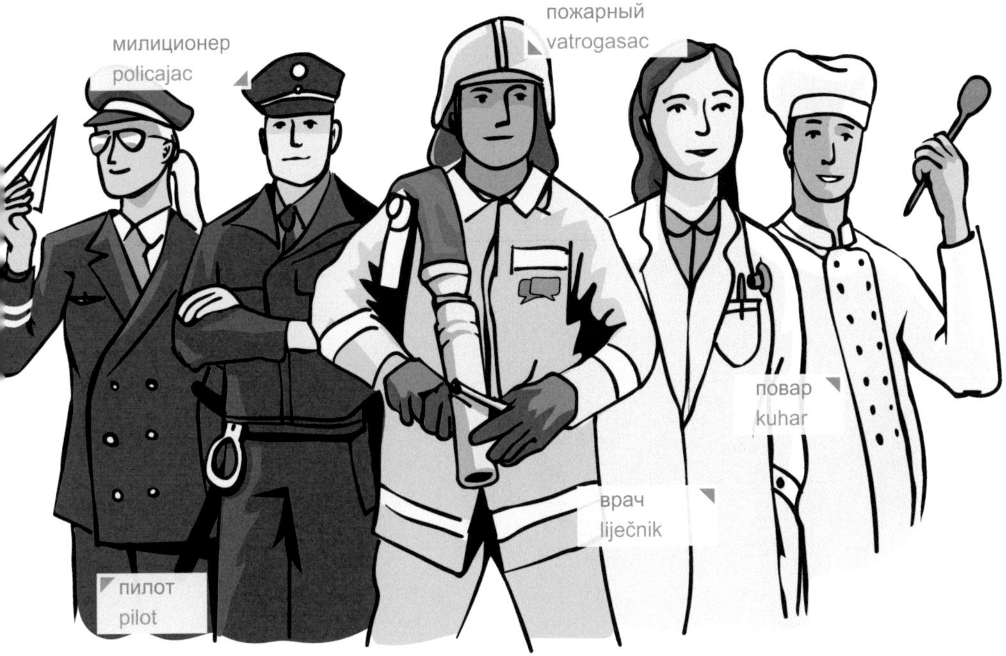
милиционер
policajac
пожарный
vatrogasac
повар
kuhar
врач
liječnik
пилот
pilot

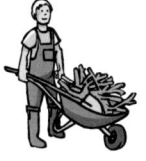

садовник

vrtlar

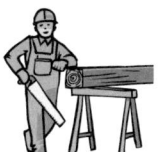

столяр

stolar

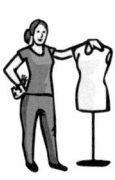

швея

krojačica

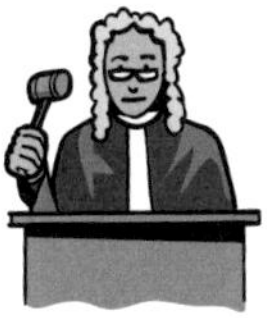

судья

sudija

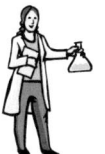

химик

kemičar

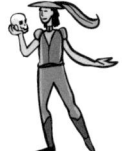

актёр

glumac

водитель автобуса

vozač autobusa

таксист

vozač taksija

рыбак

ribar

уборщица

čistačica

кровельщик

krovopokrivač

официант

konobar

охотник

lovac

художник

slikar

пекарь

pekar

электрик

električar

строитель

građevinski radnik

инженер

inženjer

мясник

mesar

сантехник

limar

почтальон

poštar

солдат

vojnik

архитектор

arhitekta

кассир

blagajnik

флорист

cvjećar

парикмахер

frizer

кондуктор

kondukter

механик

mehaničar

капитан

kapetan

зубной врач

zubar

ученый

znanstvenik

раввин

rabi

имам

imam

монах

monah

священник

svećenik

инструменты

alati

молоток
čekić
плоскогубцы
kliješta
отвёртка
odvijač
гаечный ключ
ključ za vijke
карманный фо
džepna svjetiljk

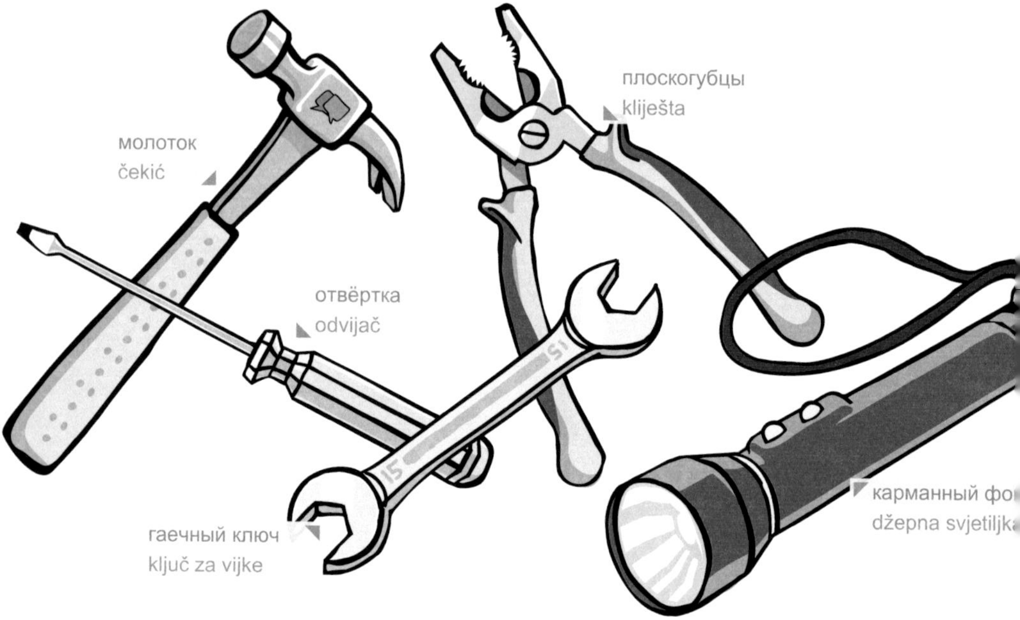

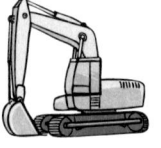

экскаватор

rovokopač

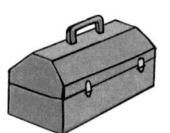

ящик для инструментов

kutija za alat

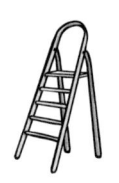

стремянка

ljestve

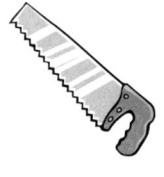

пила

pila

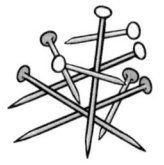

гвозди

ekser

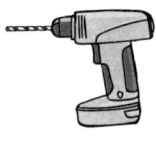

дрель

bušilica

ремонтировать

popraviti

лопата

lopata

Блин!

Sranje!

совок

lopatica

ведро с краской

lonac za boju

винты

vijci

музыкальные инструменты
glazbeni instrument

громкоговоритель
zvučnik

ударный инструмент
bubnjevi

гитара
gitara

контрабас
kontrabas

труба
truba

пианино

klavir

скрипка

violina

бас-гитара

bas

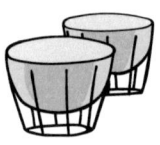

литавры

timpani

барабан

udaraljke za bubnjeve

синтезатор

keyboard

саксофон

saksofon

флейта

flauta

микрофон

mikrofon

зоопарк
zoološki vrt

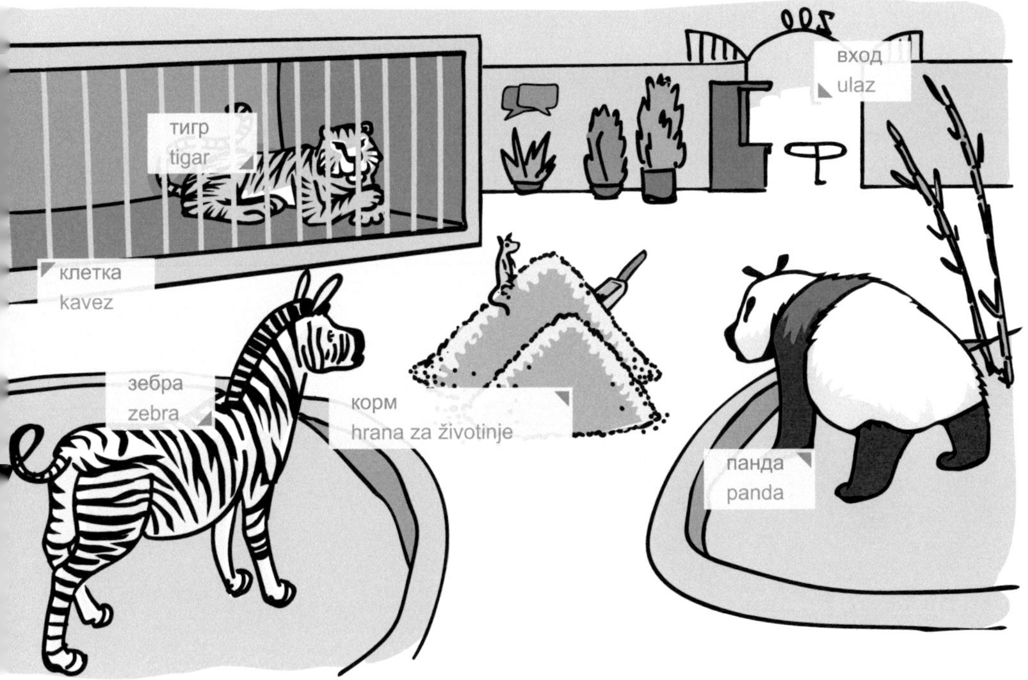
вход
ulaz
тигр
tigar
клетка
kavez
зебра
zebra
корм
hrana za životinje
панда
panda

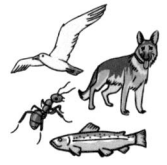

животные
životinje

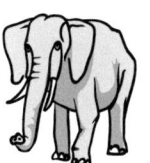

слон
slon

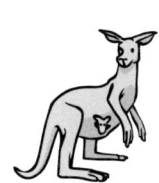

кенгуру
kengur

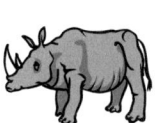

носорог
nosorog

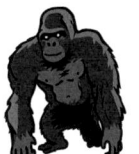

горилла
gorila

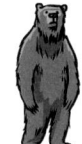

медведь
medvjed

верблюд

kamila

страус

noj

лев

lav

обезьяна

majmun

фламинго

flamingo

попугай

papagaj

белый медведь

polarni medvjed

пингвин

pingvin

акула

ajkula

павлин

paun

змея

zmija

крокодил

krokodil

служитель зоопарка

čuvar u zoološkom vrtu

тюлень

tuljan

ягуар

jaguar

зоопарк - zoološki vrt

пони

poni

леопард

leopard

бегемот

nilski konj

жираф

žirafa

орёл

orao

кабан

divlja svinja

рыба

riba

черепаха

kornjača

морж

morž

лиса

lisica

газель

gazela

американский футбол
američki nogomet

езда на велосипеде
biciklizam

теннис
tenis

баскетбол
košarka

плавание
plivanje

бокс
boks

хоккей
hockey na ledu

футбол

nogomet

бадминтон

badminton

лёгкая атлетика

atletika

гандбол

rukomet

лыжный спорт

skijanje

поло

polo

смеяться
smijati se

прыгать
skočiti

обнимать
zagrliti

идти
ići

петь
pjevati

мечтать
sanjati

молиться
moliti se

целовать
poljubiti

писать
pisati

рисовать
crtati

показывать
pokazati

нажимать
gurati

давать
dati

брать
uzeti

действия - aktivnosti

иметь

imati

делать

činiti

быть

biti

стоять

stojati

бежать

trčati

тянуть

povlačiti

бросать

baciti

падать

padati

лежать

ležati

ждать

čekati

носить

nositi

сидеть

sjediti

надевать

oblačiti

спать

spavati

просыпаться

probuditi se

рассматривать

gledati

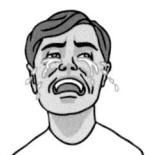

плакать

plakati

гладить

milovati

причесывать

češljati

говорить

govoriti

понимать

razumjeti

спрашивать

pitati

слушать

slušati

пить

piti

кушать

jesti

наводить порядок

pospremiti

любить

voljeti

готовить

kuhati

ехать

voziti

летать

letjeti

ходить под парусом

ploviti

считать

računati

читать

čitati

учиться

učiti

работать

raditi

вступать в брак

vjenčati se

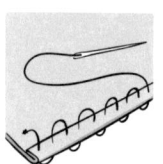

шить

šiti

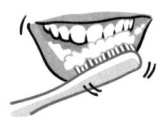

чистить зубы

prati zube

убивать

ubiti

курить

pušiti

отправлять

poslati

семья
obitelj

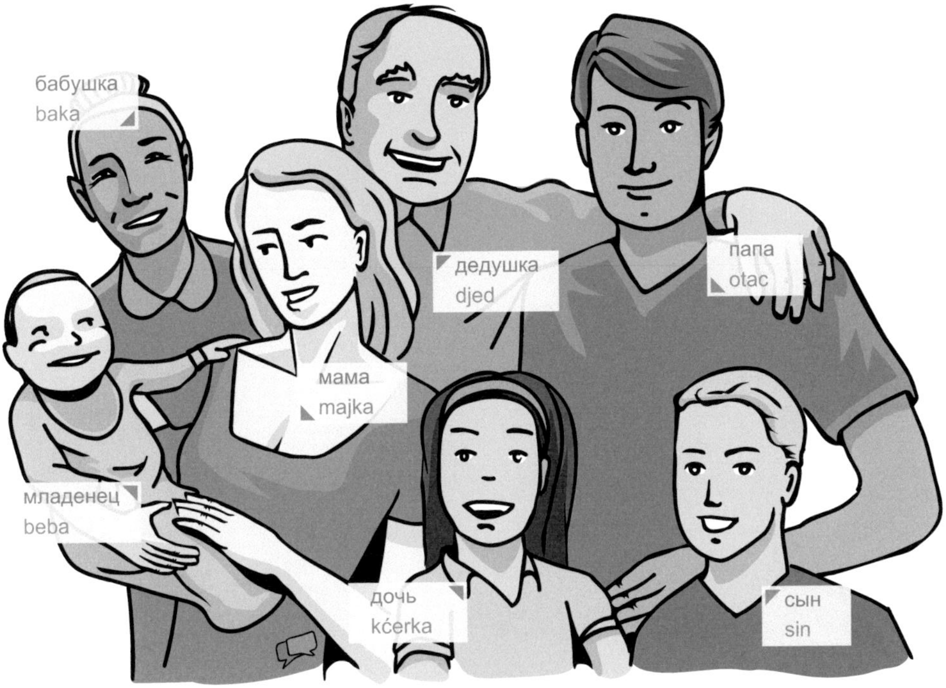
бабушка
baka
дедушка
djed
папа
otac
мама
majka
младенец
beba
дочь
kćerka
сын
sin

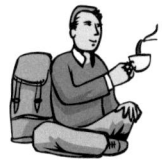

гость
gost

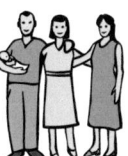

тетя
tetka

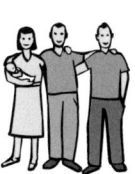

дядя
ujak, stric

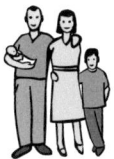

брат
brat

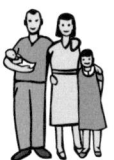

сестра
sestra

тело
tijelo

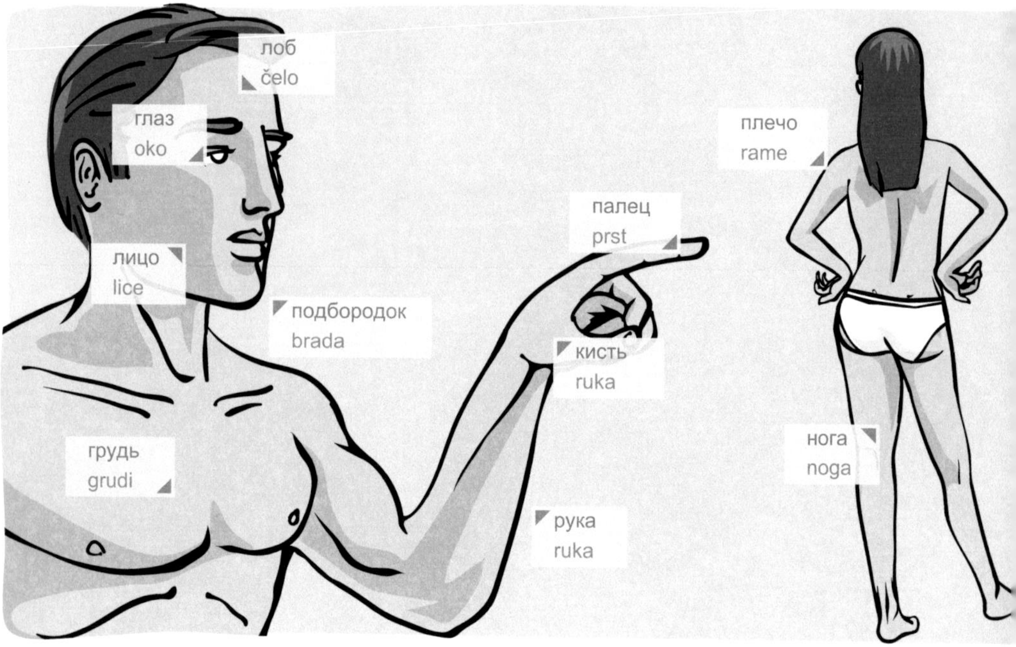

лоб	čelo
глаз	oko
лицо	lice
подбородок	brada
грудь	grudi
палец	prst
кисть	ruka
рука	ruka
плечо	rame
нога	noga

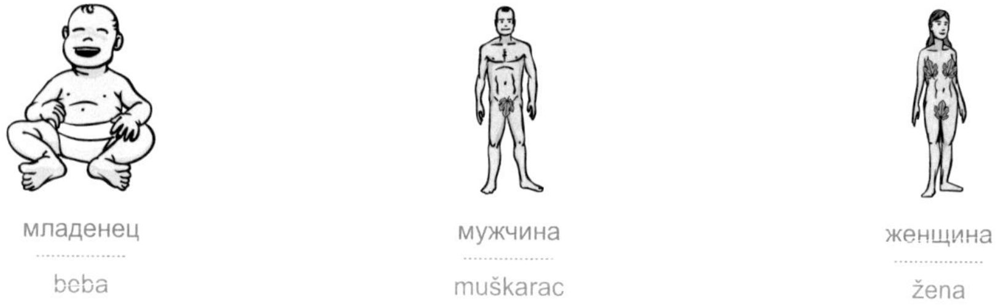

младенец

beba

мужчина

muškarac

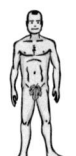

женщина

žena

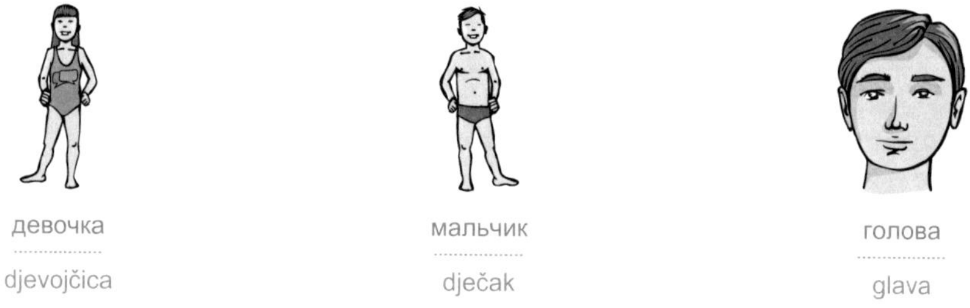

девочка

djevojčica

мальчик

dječak

голова

glava

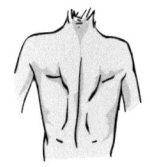

спина

leđa

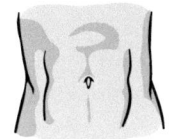

живот

trbuh

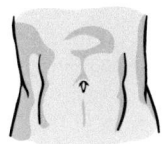

пупок

pupak

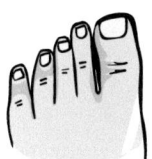

палец ноги

nožni prst

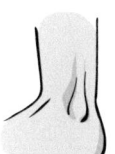

пятка

peta

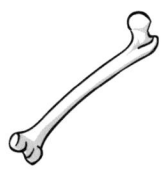

кость

kost

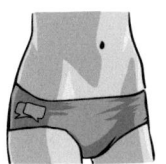

бедро

kuk

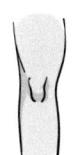

колено

koljeno

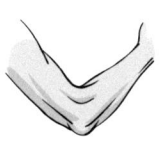

локоть

lakat

нос

nos

ягодицы

stražnjica

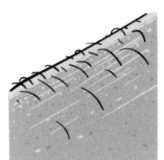

кожа

koža

щека

obraz

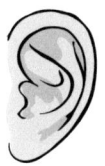

ухо

uho

губа

usna

рот

usta

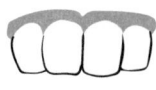

зуб

zub

язык

jezik

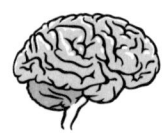

мозг

mozak

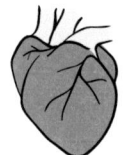

сердце

srce

мышца

mišić

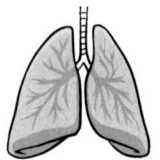

лёгкое

pluća

печень

jetra

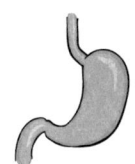

желудок

želudac

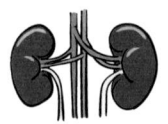

почки

bubrezi

половой акт

snošaj

презерватив

kondom

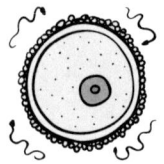

яйцеклетка

jajna stanica

сперма

sperma

беременность

trudnoća

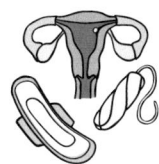

менструация

menstruacija

вагина

vagina

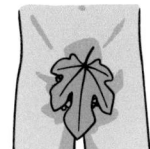

пенис

penis

бровь

obrva

волосы

kosa

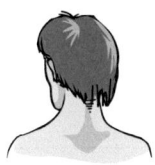

шея

vrat

тело - tijelo

больница
bolnica

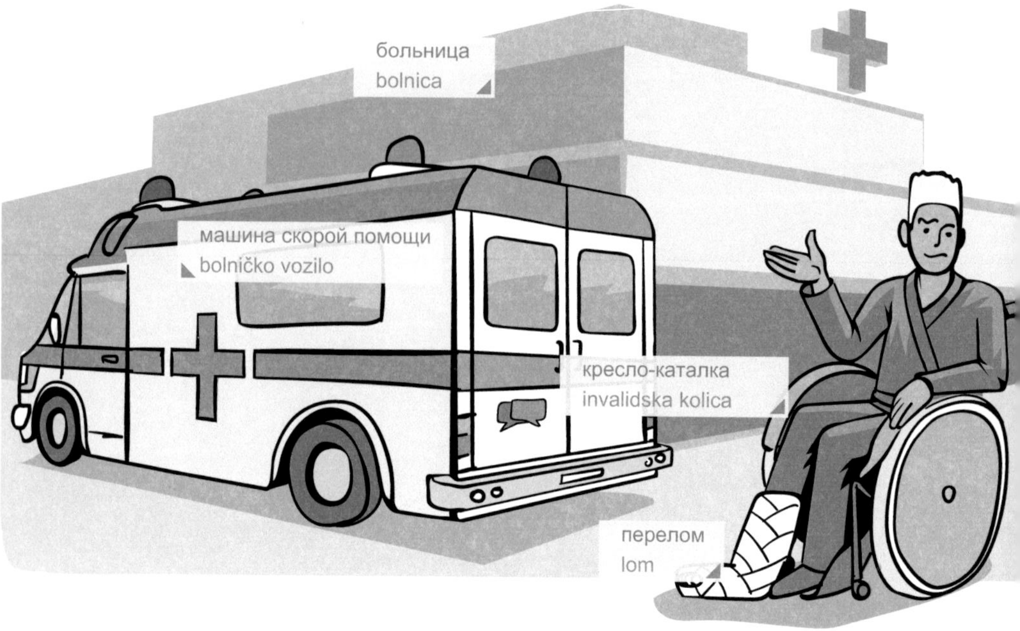

больница
bolnica
машина скорой помощи
bolničko vozilo
кресло-каталка
invalidska kolica
перелом
lom

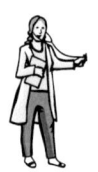

врач
lijećnik

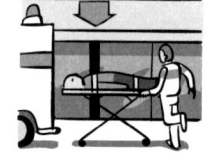

пункт первой помощи
hitna medicinska služba

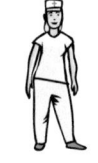

медсестра
medicinska sestra

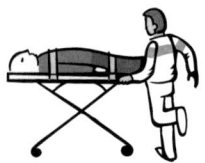

неотложный случай
hitni slučaj

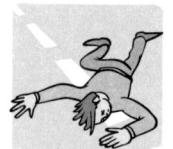

без сознания
nesvijest

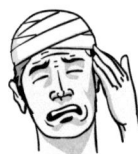

боль
bol

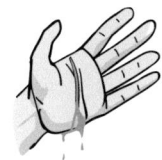

повреждение

ozljeda

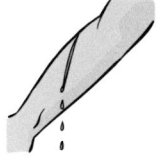

кровотечение

krvarenje

инфаркт

srćani infarkt

инсульт

moždani udar

аллергия

alergija

кашель

kašalj

овышенная температура

groznica

грипп

gripa

понос

proljev

головная боль

glavobolja

рак

rak

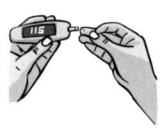

диабет

dijabetes

хирург

kirurg

скальпель

skalpel

операция

operacija

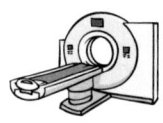

КТ

ct

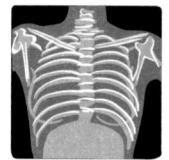

рентген

rentgen

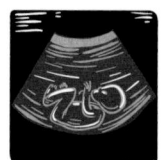

ультразвук

ultrazvuk

маска

maska

болезнь

bolest

приёмная

čekaonica

костыль

štaka

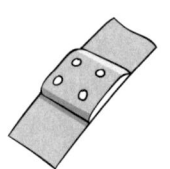

пластырь

flaster

бинт

zavoj

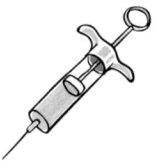

укол

injekcija

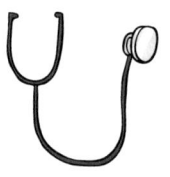

стетоскоп

stetoskop

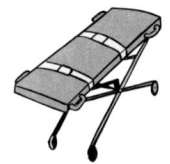

носилки

nosilo

термометр

termometar

рождение

rođenje

избыточный вес

prekomjerna težina

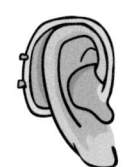

слуховой аппарат

slušni aparat

дезинфекционное средство

sredstvo za dezinfekciju

инфекция

infekcija

вирус

virus

ВИЧ / СПИД

hiv / sida

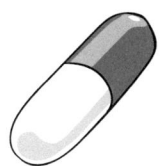

лекарство

medicina

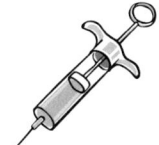

прививка

vakcinacija

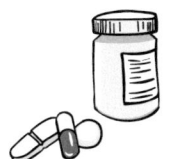

таблетки

tablete

противозачаточная таблетка

pilula

экстренный вызов

poziv u pomoć

прибор для измерения кровяного давления

uređaj za mjerenje tlaka

больной / здоровый

bolesno / zdravo

Помогите!

pomoć!

сигнал тревоги

alarm

нападение

nasrtaj

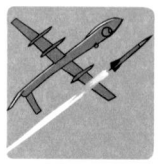

атака

napad

опасность

opasnost

запасной выход

izlaz za nuždu

Пожар!

požar!

огнетушитель

vatrogasni aparat

несчастный случай

nezgoda

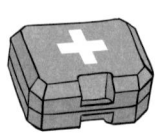

аптечка

kofer prve pomoći

SOS

sos

милиция

policija

Европа

Europa

Северная Америка

sjeverna amerika

Южная Америка

južna amerika

Африка

Afrika

Азия

Azija

Австралия

Australija

Атлантический океан

Atlantik

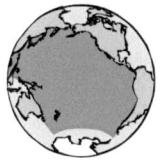

Тихий океан

Pacifik

Индийский океан

ocean

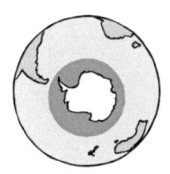

Антарктический океан

antarktički ocean

Северный Ледовитый океан

arktički ocean

Северный полюс

sjeverni pol

Южный полюс

južni pol

Антарктика

Antarktik

земля

zemlja

суша

zemlja

море

more

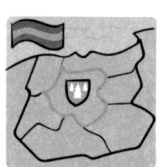

остров

otok

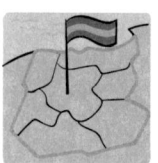

нация

nacija

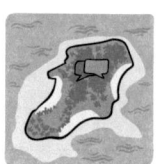

государство

država

циферблат

brojčanik sata

часовая стрелка

satna kazaljka

минутная стрелка

minutna kazaljka

секундная стрелка

sekundna kazaljka

Который час?

Koliko je sati?

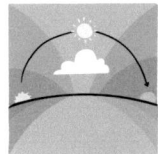

день

dan

время

vrijeme

сейчас

sada

электронные часы

digitalni sat

минута

minuta

час

sat

понедельник / ponedjeljak	MO
вторник / utorak	TU
среда / srijeda	W
четверг / četvrtak	TH
пятница / petak	FR
суббота / subota	SA
воскресенье / nedjelja	SO

вчера
jučer

сегодня
danas

завтра
sutra

утро
jutro

полдень
podne

вечер
večer

рабочие дни
radni dani

выходные
vikend

дождь
kiša

радуга
duga

ветер
vjetar

снег
snijeg

весна
proljeće

осень
jesen

лето
ljeto

зима
zima

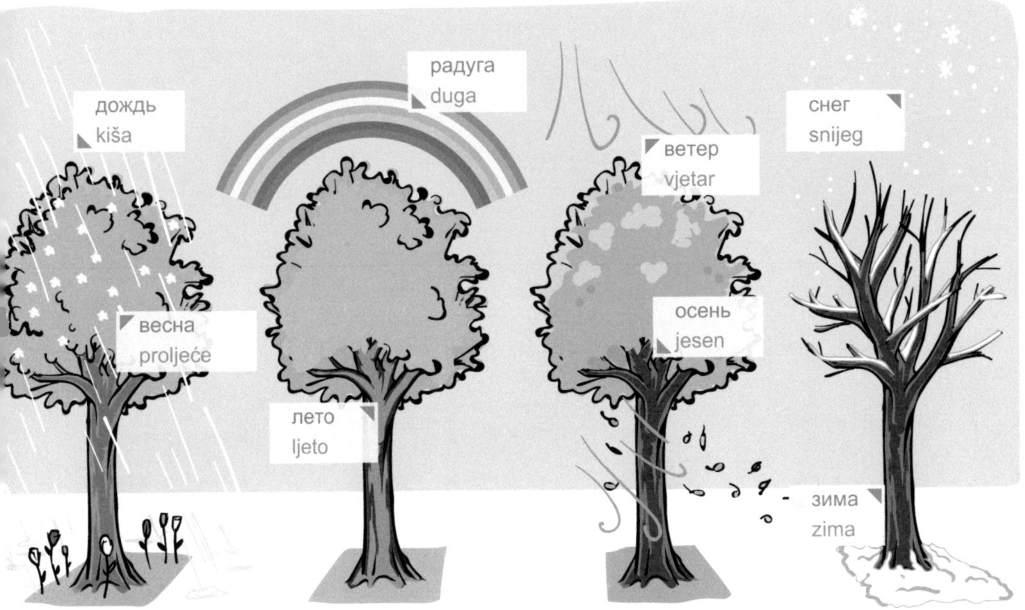

прогноз погоды

meteorološka prognoza

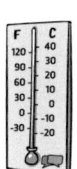

термометр

termometar

солнечный свет

sunčana svjetlost

туча

oblak

туман

magla

влажность воздуха

vlažnost zraka

молния

munja

гром

grmljavina

буря

oluja

град

tuča

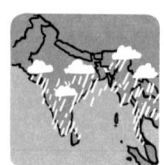

муссон

monsun

наводнение

poplava

лёд

led

январь

siječanj

февраль

veljača

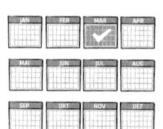

март

ožujak

апрель

travanj

май

svibanj

июнь

lipanj

июль

srpanj

август

kolovoz

82   год - godina

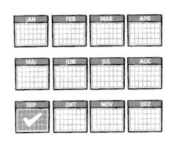

сентябрь
....
rujan

октябрь
....
listopad

ноябрь
....
studeni

декабрь
....
prosinac

формы

oblici

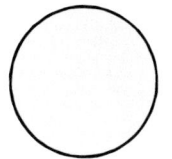

круг
....
krug

квадрат
....
kvadrat

прямоугольник
....
pravokutnik

треугольник
....
trokut

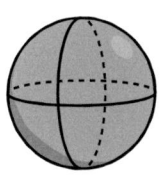

шар
....
kugla

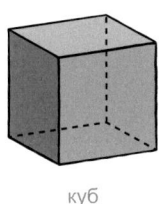

куб
....
kocka

белый

bijela

желтый

žuta

оранжевый

narančasta

розовый

ružičasta

красный

crvena

лиловый

ljubičasta

синий

plava

зелёный

zelena

коричневый

smeđa

серый

siva

черный

crna

много / мало

mnogo / malo

яростный / мирный

ljutito / mirno

красивый / уродливый

lijepo / ružno

начало / конец

početak / kraj

большой / маленький

veliko / maleno

светлый / темный

svijetlo / tamno

брат / сестра

brat / sestra

чистый / грязный

čisto / prljavo

полный / неполный

potpuno / nepotpuno

день / ночь

dan / noć

мёртвый / живой

mrtvo / živo

широкий / узкий

široko / usko

съедобный / несъедобный

jestivo / nejestivo

злой / дружелюбный

zlo / dobro

взволнованный /
скучающий
uzbuđeno / dosadno

толстый / худой

debelo / mršavo

сначала / в конце

na početku / na kraju

друг / враг

prijatelj / neprijatelj

полный / пустой

puno / prazno

твёрдый / мягкий

tvrdo / mekano

тяжёлый / легкий

teško / lagano

голод / жажда

glad / žeđ

больной / здоровый

bolesno / zdravo

незаконный / законный

ilegalno / legalno

умный / глупый

pametno / glupo

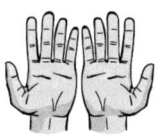

слева / справа

lijevo / desno

близко / далеко

blizu / daleko

новый / подержанный

novo / rabljeno

ничто / нечто

ništa / nešto

старый / молодой

staro / mlado

включено / выключено

uključeno / isključeno

открыто / закрыто

otvoreno / zatvoreno

тихо / громко

tiho / glasno

богатый / бедный

bogato / siromašno

правильный /
неправильный
točno / pogrešno

шероховатый / гладкий

hrapavo / glatko

печальный / счастливый

tužno / sretno

короткий / длинный

kratko / dugo

медленный / быстрый

polako / brzo

мокрый / сухой

mokro / suho

тёплый / прохладный

toplo / hladno

война / мир

rat / mir

0

ноль
nula

1

один
jedan

2

два
dva

3

три
tri

4

четыре
četiri

5

пять
pet

6

шесть
šest

7

семь
sedam

8

восемь
osam

9

девять
devet

10

десять
deset

11

одиннадцать
jedanaest

12

двенадцать

dvanaest

13

тринадцать

trinaest

14

четырнадцать

četrnaest

15

пятнадцать

petnaest

16

шестнадцать

šestnaest

17

семнадцать

sedamnaest

18

восемнадцать

osamnaest

19

девятнадцать

devetnaest

20

двадцать

dvadeset

100

сто

stotinu

1.000

тысяча

tisuću

1.000.000

миллион

milijun

английский

engleski

американский английский

američko engleski

мандаринский китайский

kinesko mandarinski

хинди

hindi

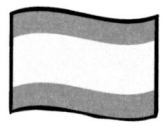

испанский

španjolski

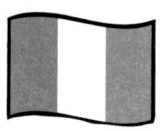

французский

francuski

арабский

arapski

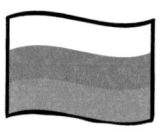

русский

ruski

португальский

portugalski

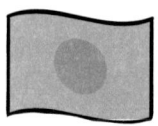

бенгальский

bengalski

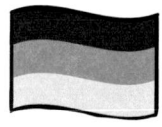

немецкий

njemački

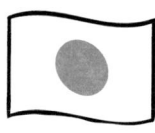

японский

japanski

я

ja

ты

ti

он / она / оно

on / ona / ono

мы

mi

вы

vi

они

oni

кто?

tko?

что?

što?

как?

kako?

где?

gdje?

когда?

kada?

HELLO, I AM

имя

ime

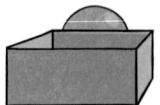

за
....
iza

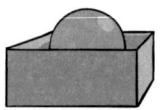

в
....
u

перед
....
ispred

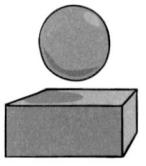

над
....
preko

на
....
na

под
....
ispod

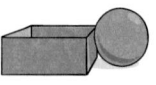

рядом
....
pored

между
....
između

место
....
mjesto